CORMENIN

Carou, sc.

CORMENIN

Georges HACHETTE

Imp. de l'auteur, r. S. Jacq. 6, 12

LES CONTEMPORAINS

CORMENIN

PAR

EUGÈNE DE MIRECOURT

PARIS — 1858

CHEZ L'AUTEUR
48, rue des Marais Saint-Martin

**Et chez tous les Libraires de France
et de l'Étranger**

CORMENIN.

Louis-Marie de Lahaye de Cormenin est né à Paris, rue Saint-Lazare, le 6 janvier 1788.

Cet illustre auteur de pamphlets appartient à une ancienne famille de robe, originaire de la Bresse.

Aux environs de Montargis, on peut voir encore le château de Cormenin, vieille résidence du temps de la Fronde, où les ancêtres de Louis-Marie bravaient à distance la reine Anne et son ministre, en lisant la *Mazarinade* ou en chantant les couplets séditieux attribués au coadjuteur.

M. de Cormenin père, lieutenant-général de l'amirauté, prit part au grand mouvement national de 1789, comme membre de l'assemblée de la noblesse.

Il signa le *Cahier des pouvoirs et instructions du haut baillage de Montargis*, cahier où se consignait le vœu de réformes aussi utiles que justes.

En feuilletant les procès-verbaux de cette assemblée préliminaire, nous y trouvons, à la date du 22 mars de l'année susdite, un discours de M. de Lahaye de Cormenin, dans lequel il s'élève avec force contre l'institution de la loterie, « cet impôt de séduction, disait-il, qui va chercher dans les replis de l'âme humaine le germe de l'avidité et le goût des chances aléatoires, deux des plus mauvais instincts de notre nature, qu'il faudrait tendre à étouffer, tandis qu'au contraire il les cultive, les développe et les arme contre le genre humain, en lui faisant espérer et prévoir avec délices un gain énorme, résultat du hasard.

« La loterie, ajoutait l'honorable député de la noblesse, joue contre nous à coup sûr

et nous immole, après nous avoir cor-
rompus. »

M. de Lahaye de Cormenin s'éleva de
toutes ses forces contre le système antina-
tional et pusillanime de l'émigration. Pendant la Terreur, il ne quitta point ses terres,
vécut dans la retraite, et ne fut pas in-
quiété, malgré sa qualité de ci-devant.

Le dix-huitième siècle se fermait au fracas
du canon, lorsque le héros de ce petit livre
fut envoyé à l'Ecole centrale de Paris (collége Louis-le-Grand).

Ce fut d'abord un écolier paresseux et
dissipé.

Ses maîtres l'accablaient de pensums et de punitions de tout genre, sans le rendre studieux et docile. On manqua plus d'une fois de le renvoyer à ses parents comme un incorrigible démon.

Néanmoins, avec l'âge l'amour du travail lui vint.

Servi par une intelligence extraordinaire, il eut bientôt regagné le temps perdu. Des rangs les plus infimes de la tourbe scolaire, *profanum vulgus*, on le vit, presque sans transition, passer au banc d'honneur des bons élèves.

Dès cette époque, la vocation du futur écrivain se révéla par la très-grande supériorité de ses compositions françaises.

Il écrivait en vers avec une facilité prodigieuse, et, malgré sa vive imagination, les études philosophiques n'eurent pas un moindre attrait pour lui. Dans les deux dernières années qu'il passa sur les bancs, il obtint, au concours général des lycées impériaux, un prix de logique et un accessit de discours français.

Quoique médiocre latiniste, il aimait les poëtes de l'ancienne Rome et lisait leurs œuvres, surtout celles d'Horace.

Au sortir du collége, il étudia le droit et reçut, en 1807, son diplôme d'avocat.

Napoléon laissait le barreau rassembler

ses membres dispersés et se reconstituer lui-même.

Louis-Marie fut une des premières recrues que fit la vieille corporation de Saint-Yves, renaissant de ses cendres, après l'extinction du bûcher révolutionnaire.

Toute la jeunesse, de l'Empire était fanatique de gloire.

On l'organisait militairement dans les lycées, on l'élevait au son du tambour, on ne manquait pas de lui lire les magnifiques bulletins de nos conquêtes : aussi Louis de Cormenin, comme tous ses condisciples, professait le plus ardent enthousiasme pour Napoléon.

Vers 1810, il publia une ode à la louange du grand homme.

Cette flatterie poétique lui ouvrit l'entrée de la carrière administrative. Il fut attaché au Conseil d'État, en qualité d'auditeur, bien qu'il n'eût point encore fini son stage et n'eût jamais plaidé la moindre cause civile ou correctionnelle.

M. Hochet, que nous avons déjà vu intervenir dans les débuts de Saint-Marc Girardin, et qui savait reconnaître les capacités véritables, désigna le nouvel auditeur pour faire partie du comité du contentieux.

Louis de Cormenin entrait alors dans sa vingt-deuxième année.

Bien qu'il se montrât fort assidu aux séances du grave conseil, il continuait, pour nous servir du style du temps, à cultiver les Muses et à gravir les élévations sacrées du Parnasse.

Afin que nos lecteurs ne conservent là-dessus aucun doute, ouvrons le *Mercure de France* du mois de mars 1812.

Voici une pièce de vers adressée à la nymphe de Blanduses, et signée : L. M. DE CORMENIN, *auditeur du Conseil d'État.* Nous en citons quelques strophes :

O fontaine sacrée, ô toi qui me vis naître,
　　Nymphe de ce beau lieu,
Il faut nous séparer et je te dis peut-être
　　Un éternel adieu.

Vespasien m'enlève à mon humble fortune;
    Belle nymphe, je pars,
Que la pourpre des cours va paraître importune
    A mes tristes regards!

Quand les Muses en deuil loin de Rome exilées,
    S'enfuyant aux déserts,
Sur le penchant des monts, dans le creux des vallées
    Soupiraient leurs concerts,

Tu me vis rechercher, ô Nymphe de Blanduses,
    Loin de la cour des rois,
La fraîcheur de tes eaux, le doux loisir des Muses,
    Le silence des bois.

Je cachais mon bonheur dans la vallée obscure,
    Et, du monde oubliés,
Tous mes jours s'écoulaient comme cette onde pure
    Qui s'enfuit à tes pieds.

Certes, voilà de la belle et bonne poésie

de l'Empire. Son cachet n'est pas douteux.

L'*Almanach des Muses* de 1843, dans le quarante-neuvième volume de sa collection, jugea convenable de reproduire ce chef-d'œuvre de versification, l'intitulant : *Adieux de Gallus à la nymphe de Blanduses.*

Dussault en rendit compte dans le *Moniteur*, et M. Rolle, « bibliothécaire de la ville[1], » l'apprécia dans ces termes pleins de pompe :

« On reconnaît ici l'école des anciens. Quel naturel ! quelle fraîcheur ! que ce style

1. Jamais il ne manquait d'ajouter cette qualification à sa signature. C'est le père du critique Hippolyte Rolle.

est doux et harmonieux ! et que ces stances tombent avec grâce ! Nous sommes devenus fort difficiles et même un peu dédaigneux. Des poëtes se sont fait, dans le temps, une assez grande réputation avec un petit nombre de stances qui ne valaient point celles-là. »

Le *Mercure*, dans ses numéros du 8 et du 22 août 1812, publia du jeune auteur deux autres pièces ayant pour titre : *Le Vieillard polonais* et *l'Ombre de Sobieski.*

Un souffle généreux et sympathique pour la Pologne animait ces morceaux passablement guindés de facture.

En ce temps-là, notre scepticisme railleur n'avait pas encore approfondi le ca-

ractère des exilés polonais et trouvé le motif de ne plus compatir que médiocrement
à leur infortune.

Jamais on ne manquait, au commence-
ment d'un repas, de porter un toast aux
Polonais et aux *Dames*.

Henri Monnier, qui nous a tant fait rire,
en laissant tomber des lèvres pédantes de
M. Prud'homme ces mots célèbres : « Les
Polonais sont une bien belle nation, mais
un bien sale peuple! » Henri Monnier lui-
même était alors affublé par l'auteur de ses
jours d'un superbe petit costume de lan-
cier polonais.

M. de Cormenin recueillit, l'année sui-

vante, les diverses pièces qu'il avait épar-
pillées dans les journaux, et en forma un
volume qui parut sous ce titre : *Odes, par*
M. de Cormenin, auditeur au Conseil d'É-
tat; Paris, chez Bailleul, imprimeur-li-
braire, rue Helvétius, n° 71.

A propos de cette publication, M. Rolle,
« bibliothécaire de la ville, » revient sur le
compte de notre poëte[1].

« J'avais distingué, dit-il, une ode de
M. de Cormenin, pleine de naturel, d'har-
monie, et remarquable surtout par l'élé-
gance, la douceur et l'heureuse mollesse du
style. Il m'avait semblé néanmoins que
toutes les parties de cette production si

.1 *Mercure de France,* 18 septembre 1813.

digne d'éloges n'étaient pas égales en mérite; j'avais cru même y trouver un certain
vague dans les idées. J'apprends que ces
observations, dictées par le vif intérêt que
m'avait inspiré le talent de l'auteur, l'ont
engagé à supprimer la moitié de son ode et
à la faire imprimer telle qu'elle se trouve
dans le petit recueil que j'examine en ce
moment.

« Dirai-je que M. de Cormenin me paraît avoir été trop sévère? Les strophes
qu'il a conservées forment un tout à peu
près irréprochable; mais ceux qui connais-
sent la pièce telle qu'elle était d'abord re-
gretteront, je crois, ce qu'elle perd plus
qu'il n'applaudiront à ce qu'elle gagne. Les
Adieux de Gallus à la nymphe de Blanduses
formaient, dans la première leçon, une al-

légorie complète et assez développée ; l'auteur a supprimé ces développements dont quelques-uns pouvaient sembler un peu vagues. Il en résulte que l'ouvrage, moins répréhensible dans les détails, est devenu plus commun, moins lyrique dans l'ensemble, et peut-être sont-ce aujourd'hui des stances charmantes plutôt qu'une ode.

« Il faut que M. de Cormenin se soit armé d'une sévérité bien cruelle pour sacrifier des vers tels que ceux-ci :

Mais quoi ! de nos guerriers l'impatient courage
    S'arrache au doux repos,
Et sur les bords lointains de l'Euphrate et du Tage
    Court planter nos drapeaux.

Et moi, lâche Romain, sur mon lit de fougères
    Je perdrais mes beaux jours

A chanter les sylvains, les driades légères
    Et les molles amours !

Le cygne, jeune encor, de son aile craintive
    Rase à peine les flots,
Et de sa faible voix le son meurt sur la rive,
    Oublié des échos.

Bientôt il prend l'essor, et d'une aile puissante,
    S'élevant dans les cieux,
Fait monter de ses chants la douceur ravissante
    A l'oreille des dieux, etc.

« Je regretterais vivement, poursuit
M. Rolle, « bibliothécaire de la ville, » la
perte de ces stances harmonieuses et de *la
plus aimable poésie* (sic); je regretterais
surtout d'avoir été à mon insu la cause du
changement que l'auteur a fait subir à sa

composition, s'il était moins aisé de la ré-
1établir en son premier état, telle qu'un
heureux talent, une émotion douce et vraie
l'avaient inspirée au poëte. »

Excellent M. Rolle père !

On n'a jamais vu d'homme aussi chagrin
de la portée et du résultat de ses observations. C'est un *critique à remords,* variété
perdue depuis, et déjà si loin de nous qu'elle
ressemble à une curiosité paléontologique.

Notre jeune poëte n'eut pas le temps de
suivre les conseils du bienveillant Aris-
tarque.

Le colosse impérial chancelait sur sa base,

et la bucolique n'était plus possible sous les nuages sombres qui couvraient l'horizon.

1813, année fatale et chargée de désastres, allait finir.

Épuisée d'hommes, la France devait en chercher encore dans ses générations presque éteintes. On expédiait dans les vingt-six divisions militaires des sénateurs et des conseillers d'État, flanqués de maîtres des requêtes et d'auditeurs. Napoléon chargeait ces commissaires exceptionnels d'accélérer :

1° Les levées de la conscription

2°. L'habillement, l'équipement et l'armement des troupes.

3º Le complétement et l'approvisionnement des places de guerre, destinées à mettre obstacle à l'envahissement du territoire, qui menaçait d'être prochain.

4º La rentrée des chevaux requis pour le service de l'armée.

5º La levée et l'organisation des gardes nationales sur toute l'étendue de l'Empire.

M. de Cormenin fut adjoint au sénateur Cochon, comte de l'Apparent, envoyé dans la vingtième division militaire, dont le chef-lieu était Périgueux. Nécessairement le jeune auditeur ne joua dans cette mission qu'un rôle secondaire, et ce rôle n'a point laissé de traces.

Quand il revint, les Bourbons étaient aux Tuileries.

Il crut devoir se rallier sans hésitation au régime nouveau.

Cette conduite lui valut la sympathie des rois légitimes. On nomma notre ex-auditeur maître des requêtes surnuméraire, par l'ordonnance du 5 juillet 1814, qui reconstituait le Conseil d'État.

Louis de Cormenin, à l'époque des Cent-jours, n'accepta de l'Empereur aucune fonction administrative et se démit de son titre, mais sans prendre la route de Gand, comme M. Guizot, pour donner à Louis XVIII des preuves éclatantes de fidélité.

Jugeant même que la question essentielle était alors d'assurer l'indépendance du territoire, sauf à délibérer ensuite, il envoya cinq cents francs au ministre de la guerre pour l'équipement des gardes nationaux de province, qui manquaient d'armes, et se rendit à Lille, en qualité de volontaire, afin de prendre part de sa personne à la défense de la place.

Il avait alors vingt-sept ans.

Après Waterloo, notre maître des requêtes démissionnaire revint à Paris, où le roi lui tint compte de son refus de service dans l'administration, beaucoup plus sans doute que d'un acte de patriotisme, dont l'exemple, s'il eût été général, aurait mis obstacle au rétablissement définitif de la branche aînée.

Par ordonnance du 24 août 1815, contresignée du garde des sceaux, ministre secrétaire d'État au département de la justice, baron Pasquier, — le duc académicien aujourd'hui, — M. de Cormenin fut nommé maître des requêtes au comité du contentieux.

Nous le voyons, à dater de ce jour, se consacrer d'une manière active et presque absolue à l'étude des questions de droit administratif les plus sérieuses.

Quelques ouvrages, témoignant de ses travaux pleins de conscience, lui assignèrent un rang distingué dans le corps dont il faisait partie.

Le premier de ces ouvrages qui a pour titre : *Du Conseil d'Etat, envisagé commé conseil et comme juridiction dans notre monarchie constitutionnelle*, fut publié, sous l'anonyme, en 1818. L'auteur demandait que, pour donner des garanties aux particuliers dans la distribution de la justice administrative, une cour spéciale fût organisée par une loi, avec les conditions de l'inamovibilité de ses membres, de la défense orale et de la publicité des audiences, pour qu'on y portât l'appel des arrêtés des conseils de préfecture, des décisions des ministres, et des actes des préfets excédant la compétence de leurs pouvoirs.

Dans un second livre, à la date de la même époque, également publié sans nom d'auteur, et qui s'intitule : *De la responsabilité des agents du gouvernement, et des garanties des citoyens contre les décisions des ministres et du Conseil d'État*, M. de Cormenin demande des garanties contre le Conseil d'État lui-même.

Enfin il donne, en 1822, la première édition de son œuvre la plus remarquable et la plus importante. Nous parlons des *Questions de droit administratif* [1], dont les éditions postérieures sont intitulées simplement : *Droit administratif.*

C'est le fruit de douze années de réflexion et de pratique.

1. Deux volumes in-octavo.

Sous ce titre modeste, M. de Cormenin embrasse l'universalité des matières contentieuses.

On a justement loué la méthode de l'auteur dans ce travail. Il y révèle un talent merveilleux de déduction et d'analyse. Rien n'égale, sur ces pages savantes, la vigueur de sa dialectique, la solidité de sa doctrine et la fécondité de ses solutions.

« Ce livre, a dit M. d'Audiffret, fait autorité devant les tribunaux, les cours royales, le Conseil d'État et même devant la Cour de cassation qui plusieurs fois en a confirmé la doctrine. »

Nous devons le dire, parce que notre habitude n'est pas de marchander l'éloge, quand un homme en est digne, M. de Cormenin a créé et constitué la science de cette branche du droit que les professeurs enseignent, de nos jours, dans des chaires spéciales, et qui, avant l'illustre écrivain, était presque ignorée parmi nous.

« Personne plus que moi, a dit M. Dupin à la tribune de la Chambre des députés, ne rend justice aux lumières et à la rectitude d'esprit de notre honorable collègue[1]. C'est principalement dans ses ouvrages que j'ai pu prendre quelques notions de ce qu'on appelle le droit administratif.

La branche aînée récompensa les services

1. M. de Cormenin.

de M. de Cormenin par des distinctions,
gage du brillant avenir que sans doute elle
lui réservait.

Mais cet avenir fut retardé par l'utilité
même de sa présence au Conseil d'État.

On craignait de se priver d'un homme,
dont la science devenait là chaque jour de
plus en plus indispensable, en l'appelant à
quelque autre carrière, où l'avancement
aurait été pour lui plus rapide.

Tout gouvernement s'appuie sur l'é-
goïsme et en fait une loi de son existence,
vérité bonne à dire, si elle n'a jamais été
dite.

Louis de Cormenin se maria.

Sa Majesté Louis XVIII lui fit l'honneur de signer à son contrat de mariage et le créa baron.

Plus tard, en janvier 1826, Charles X le gratifia d'une croix d'officier de la Légion-d'honneur [1], et l'autorisa par lettres patentes à créer un majorat au titre héréditaire de vicomte, conditions auxquelles l'impétrant satisfit deux ans après, en 1828.

« Un biographe radical, écrit Loménie, a essayé de justifier M. de Cormenin de ce dernier fait, en disant qu'il avait cédé aux

1. Il était chevalier depuis l'Empire.

suggestions d'une famille aristocratique, à laquelle il s'alliait. Or, cette famille aristocratique est tout simplement celle d'un riche notaire de Paris, M. Gillet.

« S'il y avait nécessité de justification, celle-là serait donc mauvaise.

« Quant à moi, je ne vois rien à justifier dans ce fait. M. de Cormenin était alors, au vu et au su de tout le monde, légitimiste, oint ultrà, mais malheureusement légitimiste. Il suffit de lire le *Moniteur* pour ne conserver là-dessus aucun doute. Servant un pouvoir aristocratique, M. de Cormenin a accepté un majorat et des titres. Devenu radical, il s'est empressé de renoncer publiquement à ses titres et de révoquer son majorat.

« Tout cela est fort logique, à mon sens.

« Mais ce qui l'est moins, c'est que M. de Cormenin ait jugé à propos de sacrifier en holocauste, sur l'autel de la liberté, une croix d'officier de la Légion d'honneur très-légitimement gagnée. J'avoue que ce dernier sacrifice me paraît une superfétation. »

Si indulgent pour le légitimiste devenu radical, Loménie le serait sans doute encore pour le radical devenu bonapartiste.

Mais passons.

Il n'était pas d'usage, sous les rois de la branche aînée, de publier les lettres patentes qui conféraient soit l'anoblissement,

soit un majorat. Ce fut seulement après la
révolution de Juillet que le public eut con-
naissance des faveurs sollicitées et obtenues
de Louis XVIII et de Charles X par M. de
Cormenin.

Celui-ci, contre toute attente, se décla-
rait adversaire systématique et implacable
de la dynastie d'Orléans.

Aussitôt les écrivains ministériels de
fouiller dans le passé de l'homme et de
chercher tous les détails biographiques ca-
pables de le déprécier aux yeux des démocrates, qui lui ouvraient les bras avec effu-
sion et l'appelaient grand citoyen, parce
qu'il était l'ennemi personnel de Louis-
Philippe.

Voilà chez nous comment les partis argumentent.

N'anticipons pas sur les événements, et suivons M. de Cormenin pendant les dernières années de la Restauration.

En 1828, il jugea convenable de se présenter aux électeurs du Loiret, département où se trouvent en grande partie ses propriétés.

Déjà son nom était dans toutes les bouches, grâce à sa dialectique puissante et à son incontestable talent d'écrivain.

Les votes coururent au-devant des ses désirs.

Elu par le collége d'Orléans, il vint prendre place à la Chambre sur les bancs du centre gauche, à côté de Casimir Périer, de Sébastiani et de M. Dupin du Danube.

Tout d'abord il marqua son opposition de la manière la moins équivoque, ce qui témoignait chez lui d'une assez curieuse indépendance, eu égard à sa position de fonctionnaire.

Néanmoins, disons-le, cette opposition fut dynastique et modérée.

M. de Cormenin n'abordait pas souvent la tribune.

L'auteur du *Livre des Orateurs* n'est point orateur. Il venait, à de rares intervalles, lire quelques discours écrits, et bien écrits, qui obtenaient un grand succès parmi ses collègues.

En même temps il publiait des œuvres d'une polémique passablement acerbe sur les sinécures et les cumuls.

De méchantes langues assuraient que, si les ministres lui eussent offert une ou deux de ces sinécures et l'eussent mis en position de cumuler lui-même, il n'aurait pas montré cette rancune subite au pouvoir.

Mais les méchantes langues en disent bien d'autres.

Toujours est-il que les pamphlets de notre

député commençaient à rendre son nom populaire.

A chaque instant, la modération dont il avait d'abord donné la preuve à la Chambre faisait place à une hardiesse incroyable, et tout à coup, dans la session de 1829, le 14 avril, M. de Cormenin prononça le discours le plus caractérisé comme violence, que, de date constitutionnelle, on ait jamais entendu.

C'était une sorte de réquisitoire lancé contre les hommes et les choses du système de la restauration.

Le radicalisme commençait à gagner notre héros.

M. de Martignac, ce charmant esprit, ce ministre si bien intentionné, si rempli de bienveillance, qui, certes, aurait sauvé le trône, si on lui eût permis d'obéir aux inspirations de son cœur, M. de Martignac, vivement ému, répondit en ces termes à Cormenin :

« — Le discours que vous venez d'entendre, messieurs, exige une réponse. D'abord, je ne crois pas nécessaire de justifier la restauration du trône légitime des étranges accusations qui viennent d'être formulées contre elle. Non, je le déclare, on ne croira pas en France qu'on ait pu signaler ces quinze années comme une ère d'iniquité, de trahison et de banqueroute! Je viens d'énumérer, avec une complai-

sance incompréhensible pour moi, de pré-
tendues violations d'engagements sacrés.
Eh bien! je crois pouvoir soutenir que le
crédit public, que la prospérité du royaume,
que la confiance dont le gouvernement du
roi est entouré, tant à l'intérieur qu'à l'ex-
térieur, répondent sans mon secours à de
semblables allégations. Je certifie que le
règne de Louis XVIII et le règne de Charles X
n'ont pas besoin d'être justifiés aux yeux
de la France! »

Or, c'était mal défendre le gouvernement
royal que de rester ainsi dans de vagues
généralités.

Face à face avec cet orateur audacieux,
avec ce puritain intraitable, Martignac au-

rait dû tout simplement arguer contre lui de son titre de maître des requêtes.

Il est défendu de signaler l'animadversion du pays un ordre de choses gouvernemental dont on est l'un des rouages. La conscience publique n'admettra jamais qu'on puisse toucher le salaire d'un pouvoir quelconque, et en même temps s'arroger le droit de le calomnier, de le vilipender, de l'attaquer soit sourdement, soit à ciel ouvert.

C'est immoral.

Une pareille conduite offusque la bienséance, la délicatesse et presque l'honneur.

Tout fonctionnaire qui ne *fonctionne*

pas comme une machine intelligente, — et
tel n'était point le cas de M. de Cormenin,
— se sépare d'un gouvernement qu'il n'estime plus, avant de le rendre victime de
ses attaques.

Ainsi le veut la probité.

Nous savons que ce n'est point là le système des frères et amis.

Ces honnêtes démocrates ont refait la
morale, comme tout le reste, à leur usage.
Ils ont décidé qu'on peut sans scrupule
mendier les faveurs d'un despotisme quelconque, du moment que c'est *pour le bon
motif*, et sous la réserve faite *in petto* de le
trahir à la première occasion.

— Bah! c'est autant de pris sur l'ennemi! disent ces bons citoyens, essentielle-
ment voraces de leur nature.

Ils réussirent à faire partager un instant
ce système à l'homme dont nous écrivons
l'histoire, et qui probablement alors ne les
connaissait qu'à demi.

A partir de sa lutte parlementaire avec
M. de Martignac, l'opposition de Cormenin
devint si fougueuse, nous dirions presque
si aveugle, que, dans la séance du 8 juillet
suivant, il vota, lui quatre-vingt-quinzième,
contre le budget des dépenses, et, dans celle
du 15 du même mois, lui cinquante-cin-
quième, contre le budget des recettes.

Comme chacun le sait, on ne tarda pas

à tomber de Martignac en Polignac, et
M. de Cormenin vota, au mois de mars
1830, la fameuse adresse des deux cent
vingt-un, qui provoqua la dissolution de la
Chambre.

Orléans, par un vote presque unanime,
le réélut au mois de juin de la même année.

Il se disposait à venir à Paris avec son
nouveau mandat, lorsque les journées de
Juillet éclatèrent comme une mine sous la
dynastie frappée d'épouvante.

Loménie prétend que, dans une réunion
particulière de membres du Conseil d'État,
Cormenin se prononça très-énergiquement
pour la royauté du duc de Bordeaux.

C'est possible.

En ce moment son rôle était analogue à celui de l'enfant mutin qui pleure sur le jouet qu'il a brisé.

Le 7 août donna le signal de plusieurs démissions exemplaires. Celle de M. de Cormenin fut du nombre.

Il refusa de s'associer à l'usurpation de pouvoirs commise par les députés, lorsqu'ils offrirent le sceptre à Philippe d'Orléans, au mépris des droits incontestables du petit-fils de Charles X.

« En arrivant à la Chambre, dit M. Bérard, dans ses *Souvenirs de la Rochelle de*

1830, je rencontrai dans un couloir Cormenin qui venait de donner sa démission.
Le motif de cette démission était l'absence
d'un mandat régulier pour ce que nous al-
lions faire. Ce scrupule de conscience était
assurément respectable; mais, dans le cas
où nous l'eussions tous éprouvé, que fût
devenue la tranquillité du pays? »

Ce qu'elle fût devenue, ô doctrinaire
myope? elle eût probablement été rétablie
pour toujours.

Si Louis-Philippe, cédant aux instincts
ambitieux qui, depuis deux siècles, aveu-
glaient sa race et la jetaient sur le chemin
de l'usurpation, ne s'était point hâté de
ceindre le diadème que lui proposait une
Chambre sans pouvoirs, et avait demandé

l'assentiment du peuple, il est à présumer qu'il eût obtenu, dans les comices, une majorité respectable, et l'on aurait pu constituer une république honnête, fondée par tous et pour tous sur des éléments d'ordre et de repos.

Mais prince et députés s'unirent pour inaugurer le règne de la caste bourgeoise.

Ils le croyaient inébranlable, un souffle l'effaça de l'histoire.

En même temps qu'il donnait sa démission de député, M. de Cormenin résignait sa place au Conseil d'État. Sa conduite alors fut réellement dictée par le sentiment bien compris de ses devoirs.

4

S'étant représenté devant les électeurs d'Orléans avec une profession de foi légèrement empreinte de vague, ceux-ci ne lui renouvelèrent plus leur mandat.

Il fut élu postérieurement au mois d'octobre par le collége de Belley.

Tout d'abord, l'attitude de M. de Cormenin ne trahit pas ses projets hostiles envers le roi des barricades.

Il ne leva le masque, décidément, que le 30 août 1831, après la dissolution de la Chambre, et par une lettre adressée au *Courrier français*, dont il était depuis longtemps un des principaux actionnaires.

Ce manifeste posa les fondements de sa popularité radicale.

Il déclara que tout ce qui s'était fait depuis le 7 août de l'année précédente, était attentatoire à la souveraineté da peuple, et devait être, par conséquent, regardé comme nul et non avenu.

Dès ce jour, M. de Cormenin fut dans sa voie; dès ce jour, il obéit sans réserve à sa vocation, à ses goûts, à sa nature : il était pamphlétaire, et pouvait dire avec Francaleu de la *Métromanie* :

Or, j'avais quarante ans quand cela m'arriva.

Pour ce qui est de son fameux pseudo-

nyme de Timon, voici comment il fut
amené à le prendre.

Un jour, Sarrans lui demande des arti-
cles pour la *Nouvelle Minerve*, et Cormenin propose les portraits des principaux
orateurs de la Chambre.

Au moment de signer la première de ces
silhouettes, il hésite et déclare qu'il est impossible de faire à ses collègues, face à face,
la blessure du nom propre. Alors Sarrans
lui cherche un nom supposé et lui impose
celui du fameux misanthrope d'Athènes.

Donc, notre écrivain commence à pein-
dre dans ce journal tous les orateurs vi-
vants.

Après les exemples, il trace les préceptes
de l'éloquence délibérative dans les diffé-
rents genres ; puis, trouvant sa galerie trop
étroite et voulant l'élargir, il augmente le
nombre de ses cadres et peint successivement la physionomie oratoire de la Consti-
tuante, de la Convention, de l'Empire et
de la Restauration, dans les figures illustres
de Danton et de Robespierre, de Napoléon,
de Villèle, de Serres, de Manuel, de Foy,
de Benjamin Constant, de Royer-Collard,
de Martignac, etc.

Ces études réunies ont formé le beau
Livres des orateurs.

Malgré le mérite incontestable de l'ouvrage, la critique y signale d'assez nombreux défauts,

Ainsi, par exemple, on reproche à l'auteur, et on lui reproche avec raison, de traiter souvent la langue et la grammaire avec une familiarité trop aristocratique. Il affecte aussi trop visiblement d'imiter la manière de Brantôme et de Montaigne, et confond la langue du temps de Louis XIII avec celle du xvie siècle, anachronisme impardonnable et qui choque d'autant plus que, l'instant d'après, on voit reparaître la phrase nombreuse du rhéteur de l'époque impériale.

Pendant les dix-huit années du règne de Louis-Philippe, M. de Cormenin se condamna stoïquement, à la Chambre, au mutisme le plus absolu.

Il se bornait à jeter dans l'urne sa boule noire, à chaque mesure proposée par le gouvernement.

En 1831, la discussion du budget lui inspira ses fameuses *Lettres sur la liste civile*.

Le ministère avait proposé de fixer à dix-huit millions la dotation annuelle de la couronne, et la Chambre, trouvant ce chiffre exagéré, le fit réduire à douze.

C'était le soufflet le plus rude que l'on pût appliquer sur la joue du Système.

En cette circonstance comme en beaucoup d'autres, le cabinet manqua complétement de dignité,

Il s'empressa de fournir à la Chambre le compte minutieux, détaillé par francs et centimes, des divers services de la maison du roi, afin de justifier le chiffre de l'allocation réclamée.

Certes, il y avait autant de bassesse à entrer dans ces détails que de mesquinerie et de platitude à les discuter.

Dans ses *Lettres sur la liste civile*, M. de Cormenin sut donner aux lieux communs et aux phrases déclamatoires de l'opposition un tour original et piquant ; il en rajeunit la forme à l'aide d'un style leste, incisif, pittoresque, mais trop évidemment calqué sur celui de Paul-Louis, cet autre pamphlétaire qui lui servit de modèle et qu'il ne fera point oublier,

Notre écrivain ne tarda pas à obtenir un autre grand succès de scandale par un second pamphlet qui eut pour titre : *Très-humbles remontrances de Timon, au sujet d'une compensation d'un nouveau genre, que la liste civile prétend établir entre quatre millions qu'elle doit au Trésor et quatre millions que le Trésor ne lui doit pas.*

L'effet de ce brûlot fut tel que le Système recula devant les clameurs générales et ne donna pas suite à ses réclamations.

Faute sur faute, sottise sur sottise.

On ne fait plus depuis longtemps le calcul du tirage des diverses brochures de M. de Cormenin. Quelques-unes sont arri-

vées à leur quarantième édition, c'est-à-
dire qu'il s'en est vendu quarante mille
exemplaires, car l'auteur n'a jamais con-
senti à ce qu'on tirât plus de mille exemplaires à la fois de ses divers ouvrages.

Quand ce millier se trouvait épuisé, son
plus grand plaisir était de reprendre à nouveau son travail, aiguisant et affilant de
plus belle ses phrases acérées, et y ajoutant
des considérations empruntées aux faits du
du jour.

Communiquées à l'avance aux feuilles
radicales qui les citaient *in extenso*, ces ad-
ditions devenaient un excellent mode de
publicité, qui ne coûtait rien à Pagnerre
le *grand* et *vertueux* éditeur.

Une justice à rendre à M. de Cormenin, c'est que la vente de ses pamphlets fut employée par lui en œuvres de bienfaisance.

Spéculation de popularité! s'écrient les sceptiques.

N'importe, nous aimons ces spéculations-là. Soyez certain que Jules-Isaac Mirès n'en fera jamais de pareilles!

Ce fut ainsi qu'en 1845 M. de Cormenin fit don à la ville de Montargis de cinq cents francs de rentes sur l'État, pour la fondation d'un prix de vertu. Le capital de cette rente venait du produit de son pamphlet intitulé : *Questions scandaleuses d'un Jacobin au sujet d'une dotation.*

Il s'agissait de la dotation réclamée pour monseigneur le duc de Nemours, une des plus lourdes bévues du règne de Louis-Philippe

Au moins servit-elle à quelque chose!

M. de Cormenin jouissait depuis douze ans d'une immense popularité dans le parti démocratique.

Mais il lui arriva tout à coup de blesser de la manière la plus grave les convictions des frères et amis, à propos de la nature des rapports qui doivent exister entre l'É-glise et l'État.

Toutes les idées qu'il essaya de faire prévaloir là-dessus, au lieu d'être comprises comme l'application logique du système de liberté, scandalisèrent nos démocrates et excitèrent contre lui les plus injurieux soupçons.

Il pensait qu'en recevant de l'État un salaire, le clergé n'abdique pas, pour cela, toute indépendance, parce qu'il sert Dieu avant de servir le roi ; il ne voulait pas que, sous prétexte de faire la guerre aux doctrines ultramontaines, on modelât l'église gallicane sur l'église anglicane.

Aussi prit-il la défense de l'évêque de Clermont et s'opposa-t-il à ce que l'enseignement des séminaires fût soumis à la surveillance de l'Université.

Le jour où l'on réclama l'expulsion des jésuites, il publia ses deux célèbres brochures, *Oui et non* et *Feu ! feu !* qui lui enlevèrent décidément toute popularité parmi les républicains.

Pour avoir osé confesser la foi catholique, apostolique et romaine, il faut voir comme on le traita !

Nous avons sous les yeux les notes de la quatorzième édition de *Feu ! feu !*

Elles contiennent les lettres anonymes, les menaces et les injures qui l'assaillirent de toutes parts. Ces nobles démocrates oubliaient le refrain du chansonnier :

Qu'on puisse aller même à la messe,
Ainsi le veut la liberté !

Dans leur colère, ils lui écrivaient des lettres de ce genre :

« Timon !

« Vous avez perdu toute espèce de popularité ! Vos *Oui* et *non* font horreur. C'est dégoûtant ! c'est honteux ! c'est odieux ! Vous déshonorez votre plume ! »

Quelques autres affectaient dans leur éloquence épistolaire plus de laconisme encore :

« Timon ! le peuple vous renie !

« Vous êtes un jésuite

« Infamie ! ! ! »

Mais voici l'épître la plus curieuse. On la trouve dans le même recueil de notes, et Cormenin n'a point hésité à la rendre publique.

« Monsieur,

« Je crois devoir vous prévenir qu'il circule en ce moment, sous votre nom, un ignoble libelle, intitulé *Oui* et *non*, au sujet, etc... Vous vous devez à vous-même, vous devez à tous ceux qui ont lu vos ouvrages, qui vous ont aimé et respecté à cause de votre cœur et de votre génie, de réclamer contre ce livre qu'on veut faire passer sous votre nom, contre ce livre absurde et ridicule, contre ce livre qui donne un si sanglant démenti à tout votre passé.

Non, monsieur, Vous n'avez point écrit ces pages; car, de deux choses l'une : Ou bien vous seriez tombé en enfance, et il faudrait pleurer la perte d'un des plus fermes soutiens du peuple; ou bien vous n'auriez été toute votre vie qu'un hypocrite animé seulement par les passions les plus viles, et il faudrait faire justice de tant de honte et de duplicité ! Êtes-vous jésuite, monsieur? êtes-vous carliste? êtes-vous catholique ou bigot? N'êtes-vous plus avec le peuple, avec la nation? Pour Dieu, répondez hautement; les organes de la publicité sont là! Que nous sachions au moins s'il faut confondre vos calomniateurs, ou s'il faut nous voiler la face devant la honte et l'infamie dont vous auriez couvert votre nom. Vous qui étiez si haut, tomber si bas! Allons, c'est impossible; nous attendons un éclatant démenti de votre part.

« Le plus calme d'une réunion de ving t membres, devant lesquels vient d'être lu ce pamphlet.

P. R. »

M. de Cormenin répond :

« Je dois dire au public qui me fait l'honneur de me lire, que je ne connais pas du tout le monsieur qui m'écrit de si belles choses, et qui est, dit-il, le *plus calme* de ses vingt amis. Mais fussent-ils vingt mille de ces amis-là, si *calmes!* ils n'ébranleront pas ma fermeté. On me demande le sacrifice de ce qu'on appelle ma renommée! Je la donne à rien, pourvu qu'on ne me demande pas l'impossible sacrifice de ma conscience. Il faut que ces prétendus démocrates qui m'insultent sachent que je suis trop fier pour obéir à leurs caprices, et trop courageux pour ne pas leur dire la vérité.»

A la bonne heure !

Mais, dans ce beau pays de France, on ne comprendra jamais l'écrivain qui ne s'abrite pas exclusivement sous un drapeau et qui parle avec courage, même à ceux de son bord. Vous êtes d'un parti : louez ce parti sans restrictions, même quand il commet des turpitudes !

C'est la loi et les prophètes.

En vérité, nous sommes plus absurdes qu'on ne pense.

Le Saint-Père envoya des félicitations à M. de Cormenin sur son livre de *Feu! feu!* et le nomma commandeur de l'ordre de Saint-Georges.

Timon n'eut jamais plus d'esprit, de verve, d'originalité, de logique et de style que dans ce dernier pamphlet, quoi qu'en puissent dire, encore à présent, les crétins-démocrates, les crétins-socialistes, les crétins-protestants et surtout les crétins-athées.

Il y disait des vérités à tout le monde, à

la jeunesse qui vient, à l'âge mûr qui gou-
verne, comme à la vieillesse qui s'en va.

Le *Corsaire* de 1848 publia sur M. de
Cormenin l'appréciation qui va suivre:

« Qu'est-ce donc que Timon? Suivant
plusieurs, Timon est démocrate, radical,
monarchique, légitimiste, impérialiste, gallican ou ultramontain. La plupart, dans
leur pauvreté native, ont loué ou blâmé
tour à *tour* le frère d'armes, l'auxiliaire ou
l'ennemi qu'ils croyaient rencontrer dans
leurs rangs ou devant eux. Mais Timon n'a
jamais pu faire que M. de Cormenin fût
radical, démocrate, légitimiste, impérialiste, gallican ou ultramontain. Timon a
nié ces dernières significations, nous nions

les autres ; et la preuve que Timon n'est
rien de tout cela, c'est que M. de Cormenin
a été, est, et sera toujours un aristocrate.

« O mon Dieu, oui, toujours un aristocrate !

« Non pas, à la vérité, de ceux qui furent
assez niais pour se laisser pendre à la lan-
terne en 93, mais de ceux *qui sauraient
mettre leurs coquilles en sûreté*, si l'on venait à les vouloir briser.

« M. de Cormenin doit, en effet, com-
prendre toutes les aristocraties. Il est
homme de talent, riche, député et... vicomte par dessus le marché.

« Ce que nous reprochons à Timon, c'est

de n'avoir point fait pour M. de Cormenin
une aristocratie complète et rationelle. Timon ressemble aux abeilles, il prend son
bien un peu partout. Seulement M. de
Cormenin ne dit pas ce qu'il en veut faire.
Timon a défendu le clergé, c'est bien! Il
a combattu l'avide économie de la liste
civile, c'est très-bien! Il a parlé pour le
peuple, c'est à merveille! Mais de tous ces
matériaux utiles et précieux qu'a-t-il fait?
que va-t-il édifier? où est son plan?

« Nous craignons qu'avec tout son esprit,
toute sa verve, toute sa logique, Timon
n'ait véritablement mis M. de Cormenin
dans l'embarras. »

Brouillé avec le républicanisme, l'illustre pamphlétaire demanda des consolations à la philantropie.

Il publia successivement les *Dialogues de maître Pierre*, le *Maire de village*, — et les *Entretiens de village*.

Ce dernier livre, couronné d'abord par la Société d'Instruction élémentaire, obtint, en 1847, le prix Montyon à l'Académie française [1]. L'œuvre consiste en dialogues familiers sur toutes les questions de mo-

1. Une première fois messieurs les Quarante refusèrent le prix à Cormenin. M. Dupaty les y avait excités en s'écriant : « — Il porte un nom fameux et fâcheux. Comment les faveurs du philanthrope Monthyon seraient-elles acquises au misanthrope Timon ? L'ombre du testateur en frémirait ! »

rale, d'économie, d'hygiène, d'instruction et de bienfaisance publique que les campagnards ont le plus d'intérêt à connaître.

Le but de l'auteur était de défricher partout les broussailles de l'ignorance.

« Vain et frivole bruit, s'écrie-t-il, que ce bruit éclatant des cités qui monte, qui monte, qui se dissipe, et qu'on appelle la gloire!

« Ah! mille fois plus douces sont les bénédictions des pauvres à l'oreille de celui qui les recueille en passant le long du sentier! Y a-t-il de petit intérêt, lorsqu'il s'agit de l'intérêt des malheureux? Y a-t-il de petites gens pour qui sait les aimer et les servir? Les hommes s'en laissent volon-

tiers imposer par les pompes de la civilisa-
tion, par le brillant des villes ; mais aux
yeux de Dieu, la plus humble des roses, la
rose des champs n'est pas la moins belle.»

Le *Maire de village* a pour but de tracer
nettement à cet obscur fonctionnaire ses
devoirs : 1° envers soi-même ; 2° envers le
gouvernement ; 3° envers la commune ;
4° envers les habitants ; 5° envers le conseil
municipal : 6° envers le ministre du culte ;
7° envers l'instituteur ; 8° envers les
pauvres.

« Dans l'ordre des devoirs, dit l'auteur
en terminant, ce ne sont pas les plus élevés
qui sont les plus dignes d'estime, ce sont
les mieux accomplis.

« On n'a pas besoin, pour être un bon maire de village, d'avoir de grandes lumières, une suite d'ancêtres illustres ou beaucoup de fortune; il suffit d'avoir de la probité, du bon sens, un caractère conciliant et ferme, et la volonté de bien remplir sa charge.»

M. de Cormenin est un homme d'infiniment d'esprit. A la Chambre, malgré sa tenue grave et presque sévère, il lançait une foule de bons mots.

En voici quelques-uns.

Le ministre de la guerre, en 1845, fit

enlever le coq gaulois des shakos d'une
partie de nos régiments.

—Pourquoi diable, demanda quelqu'un,
s'amuse-t-on d'ôter cet emblème de la vi-
gilance, du courage et de mille autres
vertus ?

— Ah! vous parlez de l'oiseau? dit
Timon.

— Oui. Savez-vous pourquoi ils le sup-
priment?

— Certainement... Parce qu'ils l'ont
trop plumé!

Voyant, un autre jour, circuler dans les
couloirs de la Chambre quelques huissiers

du Château, portant aux députés bien pen-
sant des lettres d'invitation pour les soirées
de monseigneur de Nemours :

— Oh! oh! s'écria-t-il, la cour fait porter ses lettres d'invitation par des huissiers :
voilà qui sent terriblement la contrainte !

Michel-Odilon-Morin Barrot lui reprochait de ne consacrer ses loisirs qu'à la
confection de pamphlets parlementaires ou
à des croquis à la plume sur les hôtes du
Palais-Bourbon.

— Que voulez-vous? repartit négligem-
ment M. de Cormenin : j'écris pour le
peuple, et la satire est la dernière raison
d'un peuple que ses législateurs ennuient.

A ce même Michel-Odilon-Morin Barrot,
qui lui demandait :

— Qu'entendez-vous par conservateurs
dynastiques?

— On entend par ce mot, répondit Timon, des conservateurs sans place, et qui
veulent en obtenir une.

Comme on lui reprochait de ne pas
prendre assez souvent la parole à la
Chambre :

— N'y a-t-il pas assez de bavards, fit-il,
sans que j'en augmente le nombre?

— Mais, reprit son interlocuteur, du
moment qu'on accepte un mandat de dé-

puté, c'est qu'on a l'ambition de jouer un rôle sur la scène politique.

— Eh! non, mon cher, répondit en souriant M. de Cormenin : ce n'est ni par des motifs ambitieux ni par le désir de jouer un rôle que j'ai voulu avoir mes entrées au Palais-Bourbon ; c'est tout simplement par curiosité et pour voir la comédie de plus près.

Aux élections générales de 1846, Timon n'est pas réélu.

Il ne s'en émeut en aucune sorte et travaille dans une paix profonde, loin du vacarme parlementaire.

Sur ces entrefaites, éclate la révolution de février.

Les vainqueurs, ébahis de se trouver brusquement à la tête du pouvoir, cherchent parmi eux des hommes de mérite, et, n'en trouvant point, se reconcilient avec Cormenin, malgré les boutades que celui-ci leur décoche sans cesse.

A l'une des séances de l'Hôtel-de-Ville, il frappe sur l'épaule de Lamartine et lui dit :

— Citoyen, si vous laissez faire les hommes de la veille, le peuple de février sera bientôt réduit à la portion *qu'on gruge*.

Mais on lui passait ces vétilles.

On le flattait, on l'amadouait, on avait besoin de son expérience et de ses lumières.

Son nom sortit de l'urne du suffrage universel dans quatre lieux à la fois, à Paris, à Marseille, à Auxerre et à Laval. On lui fit même l'honneur de le choisir pour un des vice-présidents de la Chambre.

Plus tard, il devint président du Conseil d'État et président du Comité chargé de rédiger la fameuse Constitution de 1848, dont il fut à vrai dire le père, en collaboration avec Armand Marrast.

Tout à coup une réminiscence de son

ancien métier de pamphlétaire vient le saisir, et quel sujet choisit-il pour égayer la galerie? précisément la fille qu'il a mise au monde, cette chère Constitution de 1848.

Jugez du scandale!

Invité à se démettre de la présidence du comité, il ne marchande pas, quitte ses collègues et se contente de son rôle muet au Conseil d'État.

Désigné par le sort pour faire partie du roulement annuel et successif qui renvoyait un certain nombre de conseillers, il resta simple spectateur de la comédie politique jusqu'au 2 décembre 1851.

Bientôt un décret de Louis Bonaparte appela M. de Cormenin à faire de nouveau partie du Conseil d'État.

Il est reconnu que ce corps ne peut se passer de ses lumières.

En même temps, son fils prit la rédaction en chef du *Moniteur*, journal officiel de l'Empire français.

Au physique, M. de Cormenin porte une soixantaine d'années.

Il est d'une taille au-dessus de la moyenne. Sa parole est sérieuse, sa figure ouverte, son front beau, son sourire plein de bienveillance. Comme on dit vulgairement, il a tout à fait l'air d'un brave homme.

Pour tout dire, il pêche à la ligne !

Voici une anecdote racontée jadis par les journaux de 1846 :

Chaque matin, depuis quelque temps, au petit jour, un individu muni de tout l'attirail d'un pêcheur à la ligne, sortait discrètement d'une maison voisine de la Madeleine et se dirigeait à grands pas vers les arceaux du pont de la Concorde.

Une fois arrivé là, il disposait ses lignes et se livrait avec délices, jusqu'à huit heures, à la pêche du goujon.

Mais, un matin, notre homme trouve commodément installé à sa place un étranger dont les lignes sont tendues sur presque toute la largeur de l'arcade. Nonchalamment couché sur les dalles, ce personnage ne donne pas même un coup d'œil à ses hameçons et s'occupe, le profane ! à lire les *Oui* et *Non* et *Feu ! Feu !* de M. le vicomte de Cormenin.

Celui dont il usurpe la place hausse les épaules et s'en va.

— Demain, se dit-il, je viendrai plus tôt.

Or, le lendemain, !a place est encore prise ; elle est prise par le même individu qui lit les mêmes pamphlets, et, comme la veille, ne semble pas s'inquiéter le moins du monde si le poisson mord ou ne mord pas.

Notre pêcheur n'y tient plus.

— Monsieur, dit-il à l'étranger, vous aimez évidemment très-peu la pêche, et je ne vois pas le motif qui vous excite à venir tous les jours prendre ma place.

— Le goujon frétille pour moi comme pour vous, monsieur.

— Allons donc! vous dissimulez mal votre usurpation, je devrais dire votre taquinerie. Encore si vos lectures étaient variées! mais toujours M. de Cormenin!...

ce n'est déjà pas si amusant, M. de Cormenin!

— C'est vrai, je le trouve paradoxal et
rempli d'erreurs.

— Alors, pourquoi diable le lisez-vous ?

— Pour le mieux réfuter.

— Oh ! oh !... monsieur écrit ?

— Après vous, monsieur Timon !

— C'est à merveille. J'ai toujours cru
être logique et consciencieux. Tâchez, après
votre réfutation, de vous rendre le même
témoignage. Monsieur doit être républi-
cain ?

— Comment le devinez-vous?

— Parce que monsieur m'a pris ma place!

Dans le cours de cette notice, nous avons très-peu cherché querelle à l'illustre écrivain, au sujet de ses variations politiques.

Pourtant, c'est le reproche le plus grave qu'on lui adresse, dans ce siècle de chauvinisme, où tant de niais s'entourent des plis de leur drapeau et jurent de ne s'en séparer sous aucun prétexte, même lorsqu'on leur prouve que ce drapeau n'a qu'une devise absurde, et flotte sur des bataillons d'ambitieux.

M. de Cormenin, — nous le croyons du
moins, — n'a jamais été sérieusement ni
légitimiste, ni démocrate, ni bonapartiste;
c'est-à-dire qu'il a toujours été du parti de
la France, ou, en d'autres termes, qu'il
veut, comme tous les nobles cœurs, comme
tous les hommes sages, le repos, la tranquillité, la moralisation du pays.

FIN.

Paris.— Typographie de Gaittet et Cie, r. Gît-le-Cœur, 7.

Monsieur le Président,

Je vous prie de vouloir bien m'accorder la permission de visiter M. Marrast qui est détenu à Ste Pélagie.

J'ai l'honneur d'être,

Monsieur,

votre très humble et
très obéissant serviteur

Sorsuin

député

Paris, le 16 avril 1835

Monsieur le Président de la Cour de Paris

LA VÉRITÉ POUR TOUS

JOURNAL CRITIQUE ET LITTÉRAIRE

BUREAUX A PARIS, RUE MONTMARTRE, 55

———

Le titre de ce nouveau Journal indique suffisamment quelles doivent être ses tendances, dans un siècle de mensonge, d'agiotage et de matérialisme.

Ses rédacteurs ne se nomment pas.

Ou ils tiennent à se laisser deviner, ou ils se croient trop peu célèbres pour attirer le public à l'amorce de leur nom.

QUI LIRA VERRA

———

Le Journal *LA VÉRITÉ POUR TOUS* paraîtra le jeudi de chaque semaine, et le premier numéro sera publié le jeudi 10 décembre 1857.

———

On s'abonne à Paris, rue Montmartre, 55.

Le Journal se vendra :

Chez GUSTAVE HAVARD, LIBRAIRE, 15, rue Guénégaud, et boulevart Sébastopol (rive gauche).

Chez tous les MARCHANDS DE JOURNAUX de Paris.

Et chez

TOUS LES LIBRAIRES DE FRANCE ET DE L'ÉTRANGER.

———

Un Numéro — Trente centimes

PRIX DE L'ABONNEMENT:

POUR PARIS

Un an, **16 francs**. — Six mois, **9 francs**.
Trois mois, **5 francs**.

POUR LES DÉPARTEMENTS

Un an, **18 francs**. — Six mois, **10 francs**.
Trois mois, **6 francs**.

POUR L'ÉTRANGER

Le port en sus, selon les pays.

———

Envoyer, pour le prix de l'abonnement, une va-
eur sur Paris ou un *mandat sur la poste* à M. Viriot,
administrateur-gérant de la VÉRITÉ POUR TOUS,
rue Montmartre, 55. (*Affranchir.*)

———

NOTA. Les personnes qui ajouteront DEUX
FRANCS à leur abonnement et qui s'abonneront
pour un an, d'ici au 1er janvier prochain, re-
cevront franco, comme étrennes et comme témoignage de gratitude, le magnifique ouvrage
des *Confessions de Marion Delorme*, par
Eugène de Mirecourt, deux volumes de chacun 500 pages grand in-octavo, cotés DIX
FRANCS nets en librairie.

———

PARIS. — Typ. LACOUR, rue Soufflot, 14.

VIENT DE PARAITRE

HISTOIRE-MUSÉE

DE LA

RÉPUBLIQUE FRANÇAISE

DEPUIS

L'ASSEMBLÉE DES NOTABLES JUSQU'A L'EMPIRE

PAR

AUGUSTIN CHALLAMEL

ACCOMPAGNÉE

DES ESTAMPES, COSTUMES, MÉDAILLES,
CARICATURES, PORTRAITS HISTORIÉS ET AUTOGRAPHES
LES PLUS REMARQUABLES DU TEMPS

TROISIÈME ÉDITION

Le succès qui a accueilli les deux premières
éditions de ce livre pourrait, à la rigueur, nous
dispenser d'entrer dans de nouvelles explica-
tions sur l'intérêt des matières qu'il traite et

sur l'importance des nombreux documents qu'il contient; mais il nous a semblé qu'il ne serait pas hors de propos aujourd'hui de dire quelques mots sur la pensée de l'auteur, sur le plan qu'il a suivi et sur les motifs qui doivent faire, à notre avis, désirer en ce moment une réimpression de cet ouvrage.

L'*Histoire-Musée de la République française* n'est pas, à proprement parler, une histoire de la République, c'est-à-dire un récit plus ou moins détaillé des événements publics groupés et appréciés suivant la passion politique, le système ou l'école philosophique de l'auteur; elle n'est pas non plus, comme on pourrait le penser, un simple recueil de documents, plutôt fait pour les écrivains que pour les lecteurs; elle tient à la fois de ces deux genres de livres; plus impartiale et moins solennelle que les narrations des historiens, en ce qu'elle se borne, la plupart du temps, à exposer les circonstances dans lesquelles se sont produits les lettres, les dessins, les emblèmes, les caricatures, dont elle retrace et conserve l'image exacte comme autant de monuments des luttes des partis, elle est moins sèche aussi et plus instructive qu'une simple collection de pièces, parce que, en guidant le lecteur par un récit rapide des faits qui relient entre elles ces productions si diverses de l'esprit français pris sur le fait dans le moment où la surexcitation des passions de parti lui donne l'essor le plus énergique, elle met l'observateur intelligent à même d'en déduire des enseignements utiles.

On pourrait dire que l'*Histoire-Musée de la République française* est la chronique du mouvement quotidien de l'esprit français pendant la Révolution.

Quant à l'opportunité du moment choisi pour cette réimpression, nul ne contestera qu'elle ne saurait se produire plus à propos que dans ces temps de calme si favorables à la méditation, ces temps où les esprits sérieux aiment à chercher dans l'étude impartiale du passé la raison d'être du présent et la leçon de l'avenir.

CONDITIONS DE LA SOUSCRIPTION

L'Histoire-Musée de la République française, par
AUGUSTIN CHALLAMEL, formera deux volumes grand in-8
jésus.

350 gravures sur acier et sur bois, dessinées et
gravées par les meilleurs artistes, illustreront cet ouvrage, qui sera publié en 72 livraisons à 25 cent., et
en 12 séries brochées à 1 fr. 50 cent.

Chaque livraison contiendra invariablement 16 pages
de texte, avec gravures, plus *deux gravures* sur acier
ou sur bois, tirées à part, ou une gravure et un au-
tographe.

Prix de la livraison, 25 centimes

LES PREMIÈRES LIVRAISONS SONT EN VENTE

ON SOUSCRIT A PARIS

CHEZ GUSTAVE HAVARD, LIBRAIRE-ÉDITEUR

RUE GUÉNÉGAUD, 15

Et chez tous les Libraires de la France et de l'Étranger.

www.ingramcontent.com/pod-product-compliance
Lightning Source LLC
Chambersburg PA
CBHW070857280326
41934CB00008B/1479